L'IRONIE FRANÇAISE

PREMIER FASCICULE. — JANVIER 1866.

LA GRANDE PENSÉE

DU

RÈGNE DE NAPOLÉON III

ALLOCUTION MACHIAVÉLIQUE

DU

Cardinal Antonelli à l'Empereur des Français

PRONONCÉE, *in petto,*

LE PREMIER JOUR DE L'AN DU SEIGNEUR 1866.

BRUXELLES

LIBRAIRIE DE CH. SACRÉ-DUQUESNE

RUE DES FRIPIERS, 50

1866

L'IRONIE FRANÇAISE.

Bruxelles. — Imprimerie de E. WITTMANN.

L'IRONIE FRANÇAISE

PREMIER FASCICULE. — JANVIER 1866.

LA GRANDE PENSÉE

DU

RÈGNE DE NAPOLÉON III

ALLOCUTION MACHIAVÉLIQUE

DU

Cardinal Antonelli à l'Empereur des Français

PRONONCÉE, *in petto*,

LE PREMIER JOUR DE L'AN DU SEIGNEUR 1866.

BRUXELLES

LIBRAIRIE DE CH. SACRÉ-DUQUESNE

RUE DES FRIPIERS, 50

1866

I.

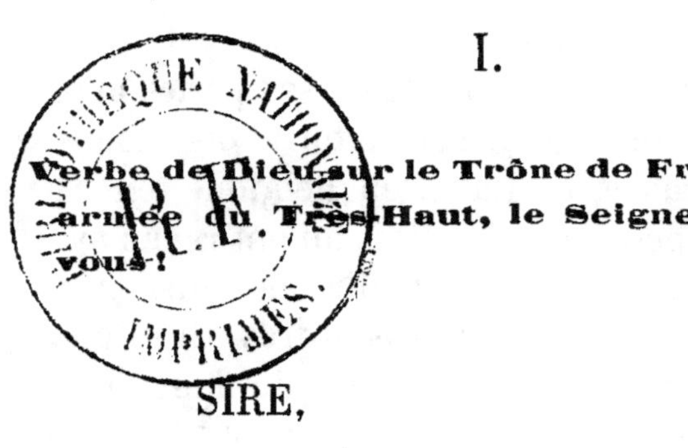

Verbe de Dieu sur le Trône de France, Droite armée du Très-Haut, le Seigneur soit avec vous !

SIRE,

La divine Providence vous a choisi parmi les pasteurs d'hommes. Elle vous a pris, comme par la main, et elle vous a conduit à l'Empire. Dieu lui-même, par votre bouche, a crié dans la nuit du DEUX DÉCEMBRE : « *Que les Bons se rassurent* » *et que les Méchants tremblent!* » Et les Bons se sont rassurés, les Méchants ont tremblé.

Le Vicaire de Jésus-Christ, qui a pouvoir de lier et de délier, vous avait relevé d'avance, Sire, du serment de fidélité prêté (vu la nécessité des temps) à la constitution de la République française. Le miracle du salut de l'ordre social, opéré par ce divin parjure, a démontré une fois de plus la supériorité

pratique de la morale catholique sur les pauvres ressources de la prétendue « morale indépendante. »

Vous êtes, en effet, Sire, un prince essentielle-
ment catholique comme il sied au chef du gouvernement français. Vous êtes de fait et de nom le fils aîné
de l'Église, l'Oint de sa prédilection. Notre Sainte
Mère vous a fait participer à la surabondance de sa
grâce et Elle vous a dû aussi une période de domi-
nation spirituelle incontestée. Rome qui a le secret
de votre pensée, Sire, se console de ses pertes appa-
rentes. Sous votre Règne, son autorité doctrinale a
centuplé en France, en Italie, en Belgique, en Autriche. Les Empereurs et les Rois lui ont remis avec
confiance le contrôle et la haute direction de l'enseignement public et privé. Par vos ordres, Sire, dans
les occasions suprêmes, l'usurpateur du domaine de
Saint-Pierre redevient lui-même le serviteur du
Saint-Siége. Lorsque l'anti-pape Garibaldi s'élançait
une dernière fois sur la Ville Éternelle, la main de
Victor-Emmanuel ne se laissa-t-elle pas armer de la
lanterne de Judas? Vous lui montrâtes, sur la montagne, l'homme qui lui avait donné deux Royaumes,
et vous dites :

— « Frappe! »

L'anti-pape tomba sur Aspro-Monte, le jarret
coupé. Et dès lors, les regards de l'opinion se sont
détournés du « *Roi galant-homme,* » comme depuis
dix-huit cents ans, de la figure du douzième apôtre,
de l'INGRAT!

Désormais, les troupes de Votre Majesté peuvent

évacuer le fort Saint-Ange et s'embarquer à Civitta-Vecchia Nous sommes sans crainte. La garde volontaire papale suffit à maintenir une bonne police de la ville. Quant aux tentatives projetées de prise de possession de Rome, comme capitale du Royaume d'Italie, Sire, vous y avez coupé court. Victor-Emmanuel est bien persuadé aujourd'hui, qu'au premier mouvement des *Italianissimes*, la France tout armée reviendrait sur le Piémont et briserait en un jour l'œuvre de Solferino et de Villafranca.

Sire, vous êtes à la fois la Colonne d'appui et l'Ancre de Salut de la Papauté. Aussi, le Souverain Pontife vous a-t-il ouvert les arcanes de notre politique séculaire sur le passé comme sur l'avenir du gouvernement des Peuples. Vous avez identifié vos projets avec nos plans. Vous êtes devenu, en vérité, cette épée catholique, dont la poignée est à Rome et la pointe est partout. Sire, votre Coup d'État, qui seul suffirait à illustrer la vie d'un grand monarque était un simple commencement de réalisation de l'idée que vous inspira le Vatican, et que Pie IX appelle avec complaisance « *la grande pensée de votre Règne.* » Pour acquérir toute sa signification, le Coup d'État français devait se transfigurer et grandir en Coup d'État catholique, c'est-à-dire universel, contre les Républiques des Deux-Mondes. La victoire locale du principe d'Autorité sur la Révolution au Deux Décembre, n'était que la première étape du vrai soldat de Dieu. César, dix années après vous avoir fait franchir le Rubicon, le Souverain Pontife vous mon-

tra que les temps étaient venus de passer l'Atlan-
tique. L'Amérique, lasse d'un siècle de tiraillements
d'opinions et d'intérêts, attendait un messie temporel,
restaurateur du principe d'Autorité.

Les années 1861 et 1862 étaient propices à cette
grande entreprise. La politique du Vatican avait pré-
paré de longue main une situation générale. La thèse
littéraire de « *la juste influence de la race latine* »
intronisait « *la Revendication de la suprématie catholique.* » L'une était la lame, l'autre le fourreau du
glaive spirituel de Saint-Pierre contre les mécréants
des deux hémisphères. *Ab antiquo*, le Catholicisme
transfusait son tempérament autoritaire dans la
constitution intime des peuples. Le levain de ses
congrégations travaillait, aigrissait l'ancien monde
et le nouveau. La pulsation de ses mots d'ordre
battait d'un pôle à l'autre, transmise par l'admirable
organisme de la Société de Jésus. Cette Compagnie
qui, en 1848, ne comptait que 5,000 membres,
s'était accrue d'un tiers. Elle avait mis son contin-
gent sur le pied de guerre. 7,231 jésuites couvraient
l'Univers d'un réseau vivant, dont chaque nœud était
une constriction, chaque voix un écho de Rome.
2,203 membres profès occupaient la France, cœur
et cerveau de la Révolution. 542 Pères campaient en
Belgique, 349 dans les provinces autrichiennes,
265 dans les Iles Britanniques, 136 en Gallicie,
561 dans les provinces allemandes, 126 en Irlande,
742 en Espagne, 206 dans le Napolitain, 201 en
Hollande, 466 à Rome et « *ses environs,* » 222 en

Vénétie, 19 au Mexique, 649 dans les États-Unis d'Amérique, répartis dans nos deux provinces de Maryland et du Missouri. L'innombrable confrérie de Saint-Vincent de Paul remplissait les vides de ces cadres. Sorte de garde volontaire, disciplinée par ses curés, elle jouait le rôle de milice civile dans cette propagande sacrée. Elle plaçait l'appoint d'une congrégation de mille fidèles sous la direction immédiate de chaque jésuite émérite. Nos cadres comptaient donc ainsi, je le répète, plus de sept mille commandants consommés, et notre armée plus de sept mille bataillons de soldats.

La matière politique et sociale, travaillée par nous, était prête. Elle attendait la dernière main du grand Ouvrier Orthodoxe.

Déjà, la Fédération américaine était mûre pour l'intervention de César. L'Union de ses États protestants (pierre d'achoppement de notre principe d'infaillibilité), sapée sans relâche depuis près d'un siècle par nos trous de sonde catholique, minée par le salpêtre des intérêts planteurs, sautait enfin ! Nous avions fait mettre le feu à la Conspiration des Poudres, par le Démon noir déchaîné, afin que s'accomplît la prophétie du grand Savoyard, Joseph de Maistre. Celui-ci jetant un regard de dédain glacial sur le berceau constitutionnel de la démocratie américaine, semblait avoir deviné dès lors l'Esclavage rongeant sous la robe, les entrailles de la jeune République (A).

La guerre civile la livrait à notre merci. La brèche était ouverte; des intelligences depuis long-temps pratiquées dans la place; nos derrières gardés; les puissances européennes neutralisées d'avance par de savantes diversions.

Dans un Consistoire, où nous avions appelé tous les Archevêques, Évêques et Patriarches de la Chrétienté, le Pape développait l'unité de notre plan de campagne. Deux cent soixante prélats européens, africains, asiatiques, américains, étaient venus recevoir nos instructions à Rome. Le zèle de certains laïques mêmes n'avait pas été éloigné des antichambres officielles des dignitaires de l'Église. C'est ainsi qu'un « littérâtre, » un « plaisantin sceptique, » Veuillot, que nos Éminences appellent plus familièrement « *le pape des drôles* (*), » avait rédigé un projet de manifeste ultrà-violent contre les Puissances qui laissent toucher au patrimoine de Saint-Pierre.

Notre regretté cardinal Wiseman s'était laissé influencer par la plume cynique du bohême de la rue Cassette et de la rue de Jérusalem. Le prélat anglais, entraînant un grand nombre de membres du Consistoire à sa suite, était allé jusqu'à dire au Saint-Père : « *Anathématisez une fois pour toutes les infâ-* » *mes idées contemporaines, ces libertés ridicules* » *dont les nations modernes se glorifient. Précipitez-* » *vous sur les ennemis de l'Église, tirez le glaive,* » *frappez tous ceux qui par leurs armes, leurs*

(*) M. Guizot, ministre de Louis-Philippe, appelait le folliculaire esclavagiste, Granier de Cassagnac, « *le Roi des drôles.* »

» *conseils ont contribué au brigandage de l'amoin-*
» *drissement des États Pontificaux. Saint-Père, vous*
» *n'avez qu'à parler, et nous irons transmettre vos*
» *ordres aux souverains de la terre* (B). »

Ces paroles, justes au fond, mais outrées dans la forme, que, du reste, je déclarai imprudentes, pouvaient être mal interprétées, par le Tzar notamment, dont le gouvernement se préparait à reconnaître les faits accomplis en Italie. Les autorités russes auraient pu faire remonter haut la responsabilité de ces excitations « à tirer le glaive et à frapper. »

En effet, à l'appel de ses évêques, la Pologne se soulevait à genoux, tendant la gorge pour occuper l'épée de la Russie. Moins d'un trimestre après notre Consistoire, le Hasard providentiel qui mit, dans des moments utiles pour les intérêts de l'Église, le couteau à la main des Jacques Clément, des Jean Châtel, des Ravaillac, des Damiens, suscitait, dans Varsovie, un parfait catholique, contre le frère du Tzar, le Grand-Duc Constantin. Ce prince Hétérodoxe fut atteint à l'épaule par la balle de Louis Jaroszynski. Celui-ci, au moment du supplice, tenait entre les mains un crucifix. Il mourut consolé par un *moine capucin* (C).

Cette tentative d'assassinat était-elle isolée ? — Sept jours après l'exécution de Jaroszynski, furent pendus Ryll et Ronzka. Celui-ci avait tenté de frapper un haut fonctionnaire avec un poignard empoisonné. Le jour même de leur mort, des placards invitaient la population à venir en foule, dans les

Églises, afin d'adresser au ciel des prières pour les martyrs (D).

C'était un excès de zèle. Aussi l'archevêque de Varsovie publia-t-il un mandement contre la théorie de l'assassinat politique et religieux. Nous-mêmes, nous ne dédaignâmes pas de répandre le bruit que ces assassins appartenaient à une société de Révolutionnaires socialistes. Nous faisions écrire aux journaux : « On a découvert en Pologne une association » *Rouge-écarlate......* L'association compte plus » d'un Ryll et d'un Ronzca. »

On aurait pu nous répliquer que des Républicains ne prennent pas le Crucifix au moment de la mort; que l'échafaud d'Orsini était dénué de Capucins, et que Pianori, la tête sous le couteau de la guillotine, confessait encore sa foi suprême, au cri de « *Vive la République!* » et non de « *Vive l'Église!* »

Mais la sottise et la crédulité publiques sont infatigables. Nous pouvions prendre impunément la Révolution pour bouc émissaire de ces tentatives catholiques. N'avions-nous pas déjà usé heureusement du même stratagème, en 1848, lorsque l'Archevêque de Paris, présentant la face à une barricade d'insurgés, fut frappé dans les reins par un coup de feu parti du côté des Amis de l'Ordre ? Les Jésuites, les Saint-Vincent de Paulistes, la Renommée congréganiste aux millions de voix, publièrent que notre martyr avait été traîtreusement mis à mal par les *Rouges*. Cela se dit encore aujourd'hui; avec quel succès, Sire, vous le savez!

En un mot, les portes de l'Enfer ne prévaudront pas contre les portes de la chronique sacrée. Ne pouvant corriger les faits accomplis par nos fidèles, corrigeons-en l'histoire. Que Saint-Pétersbourg et Varsovie, New-York, Philadelphie et Richmond brûlent quatre ans durant; qu'à l'exemple des catholiques Jaroszinski, Ryll et Ronzka, madame Surratt, catholique zélée, soit l'âme d'un quintuple attentat; qu'elle soit l'artiste dévote et inspirée de la mort du mécréant Lincoln, dont Booth fut l'artisan; les torches, les poignards et les révolvers catholiques seront des pièces de conviction muettes, impuissantes. Nous infirmons d'avance leur témoignage devant le jugement de la postérité; nous donnons savamment le change aux futurs annalistes qui seraient tentés d'attribuer aux incendies d'Amérique et de Russie, ainsi qu'à la mission des Surratt et des Ronzka, une part morale « *de la juste influence de la race latine! ... de l'Église Catholique* » veux-je dire.

Mais « *je m'emporte, Seigneur.* » Je reprends.

La Russie était donc aux prises. Devant la Prusse, l'Autriche, l'Allemagne, miroitait la question du Sleswig-Holstein.

D'autre part, notre cardinal Wiseman suggérait à Lord Palmerston qu'il était habile d'aider la France à dépenser, aux Antipodes, la flotte blindée de la Manche. Nous prêchions des convertis quand nous conseillions aux ministres de la Couronne de reconnaître aux États Rebelles du Sud, les droits de belligérants, et quand nous disions aux armateurs de

Liverpool d'armer des corsaires au nom des Escla-
vagistes. N'était-ce pas une bonne aubaine à offrir
aux honnêtes « abolitionnistes » anglais? Le quart
de la marine marchande des Fédéraux périssait,
dans cette première surprise, en pleine mer, par le
pillage et l'incendie. Le reste devait, pour éviter le
même sort, se dénationaliser et faire le commerce de
transit sous pavillon anglais.

Les préjugés des diplomates de la Grande-Bre-
tagne donnaient donc à faux ; nous persuadions que
des motifs d'action secondaires étaient des raisons
déterminantes de premier ordre. En vain, les pauvres ouvriers cotonniers de Rouen et de Manchester,
persistaient-ils à voir des frères dans les Nordistes :
les maîtres-fabricants anglo-français se passionnaient
à votre entreprise : Sire, n'alliez-vous pas forcer le
blocus américain? ramener aux ateliers des deux
côtés de la Manche. le coton, le travail et l'abon-
dance?

Simultanément, Rome suscitait vers vous, Sire,
l'appel des catholiques du Mexique : prétexte providentiel à un armement gigantesque de vos flottes.
Ce drapeau de l'intervention brusquement déployé
contre la République de Juarez, abritait les desseins
plus vastes que nous nourrissions en faveur de l'Abel
du Sud contre le Caïn du Nord.

C'était donc le moment ou jamais d'expédier,
comme naguère en Crimée, deux cent mille hommes
à destination ostensible de Vera-Cruz pour les faire,
à mi-route, brusquement virer de bord sur New-

York. C'était là qu'il fallait envoyer l'ironique épée de Forey « *demander aux États-Unis quelle forme* » *de gouvernement ils préféraient.* »

Sur le flanc gauche des protestants fédéraux, la furie vraiment française des Sudistes s'élançait de la ligne fortifiée de Wicksburg, Atlanta, Charleston, Richmond, Petersburg, pour assaillir Washington, tandis que votre corps d'expédition, soutenu par les formidables engins de la flotte de débarquement, aurait écrasé New-York.

Vous n'aviez qu'à vouloir, Sire. Passant, comme un éclair, entre les notes de la diplomatie attardée, vous tranchiez en deux la République des États soi-disant Unis; et cela, du premier coup! La catholicité du Sud aurait exécuté en grand une nouvelle Saint-Barthélemy. Elle aussi eût fait, pour employer l'expression de l'ingénieux comte de Montalembert: « *Sa campagne de Rome à l'intérieur.* » Jefferson Davis augmentait le nombre des empereurs parvenus. Ensemble, vous rasiez le moderne Capitole de Washington où les derniers païens de la démocratie européenne ont déposé la boîte de Pandore. La constitution républicaine des États-Unis une fois abattue, Sire, vous aviez extirpé la racine de la Révolution universelle. Vous instauriez sur ces ruines, « la vraie vérité » du comte de Montalembert qu'on ne saurait trop citer, ainsi que « la liberté » sage » comme en France.

L'Amérique du Nord domptée enlevait tout espoir au Mexique ainsi qu'aux autres Républiques de l'Amérique du Sud. Le domaine de Juarez se livrait sans coup férir, votre drapeau n'avait qu'à s'y montrer. En vain, le Job Péruvien se fût lamenté sur ses îles de fumier : vos vaisseaux prophétiques eussent rapporté à l'aridité de la France le pain d'Ézéchiel.

Le fier Chili se fût humilié. L'Espagne aurait suivi le sillage de vos frégates à éperon d'acier. Philippe II eût achevé en détail l'œuvre de César.

Bientôt, les flottes combinées de la France, de l'Espagne et des Deux Amériques, auraient opéré un retour offensif sur l'éternelle ennemie, l'Angleterre hérétique, le dernier refuge des exilés, des maudits, des excommuniés.

Quelle Croisade, Sire !...

Plus prodigieux que Josué vous arrêtiez le soleil pour mille ans ! . . . .

. . . .

. . . .

II.

Vanités des vanités, tout n'est que vanité! Elle est passée, hélas! l'occasion de fonder l'autorité véritable sur les ruines de la dernière citadelle du libéralisme. Nous sommes déjà loin de 1861. — 1866 a sonné. Ah! qui ne sortirait de soi-même, comme une lame du fourreau renversé, en pensant à ce qui pourrait être aujourd'hui, si vous eussiez ôsé jusqu'au bout, César! Quel nuage a éclipsé votre grande pensée? Quel obstacle a fait dérailler ce magnifique tour du monde de la Contre-Révolution? César, qu'avez-vous fait de nos légions, de nos plans de campagne, de nos préparatifs et de nos réserves de cent ans?

Oh! c'est à tomber dans l'état d'âme démoniaque où se trouvait l'Étrange conseiller de Jésus, lorsqu'il

2

le transporta au sommet d'une montagne, c'est-à-
dire à la hauteur de l'Idée d'Autorité du temps, et
qu'il lui présenta vainement l'occasion de régner sur
 univers !...

III.

Mais trève aux lamentations stériles. Voici qu'aujourd'hui les têtes de l'Hydre américaine se sont rejointes. Leurs gueules s'ouvrent pour rejeter sur le Mexique, et de là sur l'Europe, la République que vous en aviez expulsée, César. Sur tous les points du monde, les impies triomphent avec Juarez et Johnson. La Jeunesse française, réveillée en sursaut, sent les premiers aiguillons de sa puberté politique. Elle s'élance hors de France. Elle éprouve pour son compte et elle met à nu les passions des vétérans de 1848. Elle suit son instinct. Nouvel Adam, elle vient naïvement dans l'Éden libéral de Liége, *nommer* de noms sonores, vieux comme le monde et qu'elle croit inventer, toutes les créations du juvénile orgueil, toutes les passions adolescentes

de l'éternelle nature humaine, tous les animaux révolutionnaires nouveaux nés qui vivent encore aujourd'hui dans l'état d'innocence paradisiaque, mais
qui demain, comme leurs pères, mordront et déchi-
reront.

— « Nous sommes, s'écrie-t-elle étonnée, enivrée
» du son de sa propre voix, la génération nouvelle.
» Nous avons soif de *Justice*, de *Science*, de *Liberté*,
» d'*Égalité*, de *Fraternité*, de *Vertu* et d'*Honneur*.
» Nous ne sommes pas usés par la lutte : nous
» n'avons pas encore souffert pour la GRANDE
» CAUSE. Mais à notre tour nous voulons, nous
» saurons souffrir. Que les invalides des Républi-
» ques passées se reposent sur leurs lauriers. Paix
» aux Lazares de la Démocratie! Nous ferons mieux
» qu'eux, car, dégagés de toute superstition reli-
» gieuse, nous voulons être terriblement forts, ter-
» riblement justes, terriblement révolutionnaires,
» terriblement jeunes ! »

Ne souriez pas, Sire. Cette profession de foi est
moins ridicule qu'excessive. Elle témoigne de la
violence du réveil. Déjà cette Jeunesse a repassé la
frontière au pas de charge. Elle émeut Paris. Elle
crie : « *Aux armes !* »

En vérité, était-ce la peine de faire bifurquer,
quatorze ans durant, l'enseignement idéologue de
l'Université dans la matière scientifique? Voilà les
fruits de l'enseignement des Archevêques du Con-
seil Supérieur de l'instruction publique? L'arbre de

la Science orthodoxe devait donc porter ces bombes fulminantes!

Et ce libertinage d'esprit, ce choléra voltairien, sortis des froides ombres de la place du Panthéon et des salles de dissection de l'École de Médecine, gagnent Paris. Tout journaliste, qui ne se sent pas octogénaire, perd patience. Il n'attend plus le diapason officiel pour entonner le chœur de l'opinion publique.

La Landwer des Dramaturges au-dessous de cinquante ans se lève déjà contre la censure. Elle tourne brusquement les talons au soleil de la rampe officielle qui brille depuis trop longtemps..... Elle salue « *les vaincus !* »

Ah! c'est un signe du temps, le commencement de la fin !.... *consommatum est!*...

IV.

Seigneur, mon Dieu, puisque l'Autorité universelle a glissé comme une ombre, sous la main tendue du fils aîné de l'Église, faites, faites, Grand Dieu, que S. M. Très-Chrétienne conserve du moins intacte la bienheureuse servitude du peuple français ! Notre père qui êtes aux cieux, que votre puissance et votre infinie bonté daigne perpétuer le miracle de soumission à la Force sur cette terre de France où les roseaux mêmes murmuraient et les vers de terre se redressaient jadis, aux oreilles et sous les talons des Rois-Midas ! Seigneur, exaucez nos humbles et ferventes prières ! Que la Raison du plus Fort soit toujours la meilleure à Paris comme à Rome ! Amen.

Sursum corda ! . . . .

. . . .

. . . .

V.

L'Esprit-Saint a daigné visiter son humble créature. Sire, voici les conseils de la Suprême Sagesse destinés à relever cette défaillance, à rallier cette déroute de la grande armée catholique.

Sire, abdiquez pour cent jours l'Empire du Nouveau-Monde. Faites vos adieux de Fontainebleau à la troupe confédérée ainsi qu'à la Vieille Garde de Mexico. Rappelez des Terres-Chaudes vos forces désormais inutiles. Préférez l'expédient d'une prompte retraite à la catastrophe d'une expulsion par l'intervention de Grant.

Que les grognards de Bazaine occupent les rues

de Paris. Que Marquez « le boucher (E) » *septem-brise* (1) la guerillas de l'opposition parisienne aussitôt reformée que dispersée.

Il faut faire peur aux Favres-Artéagas ! Remettez du plomb dans ces têtes légères pour le Bien, dures pour le Mal. Que la terreur paralyse la langue sinon la pensée des Saints-Jean-bouche-d'or de la Commune de Paris. Si j'en crois une lettre datée de la garnison de Mexico et publiée, Sire, par votre organe officieux, *le Courrier des États-Unis*, le moral de la troupe s'améliore. Bien différents de leurs compagnons d'armes de la Martinique et de Véra-Cruz, qui viennent d'acclamer la République et d'arborer le drapeau rouge, les zouaves de Mendez disent, dans votre journal, en essuyant leurs baïonnettes-sabre : « *On ne nous fait pas prisonniers et nous n'en faisons* » *pas... Il ne ferait pas bon pour M. Jules Favre ou* » *tel autre, de rencontrer des troupes françaises* (F). »

Allons ! que ces baïonnettes retrempent leur fierté et leur drapeau dans la pourpre des exécutions civiles, plus de ménagements ou tout est perdu. Un régime de fer peut seul restaurer le principe d'autorité affaibli en France. En 1866, déployez, Sire, sur une société gangrenée, l'impassible activité du chirurgien de 1851. Saignez à blanc Paris, cette folle du logis, sinon, dans un second accès de fièvre chaude, Paris tuera l'Empire. Sire, c'est une question de vie ou de mort !

(1) L'ordonnance de Maximilien qui ordonne de fusiller les Républicains prisonniers, est du 5 septembre 1865.

Qu'attendez-vous pour sévir? Le premier *septem-briseur*, Danton, vociférait : « *De l'audace, de l'au-* » *dace, et encore de l'audace!* » Et l'Église vous dit avec sérénité par ma bouche : « *Sire, de la Bruta-* » *lité, de la Brutalité, et encore de la Brutalité!* »

César deux fois *Sauveur*, votre premier soin sera l'épuration de l'armée. « *Que si le Sel ne sale plus, qui salera la terre?* » demande l'Évangile. Si l'armée perdait sa discipline qui disciplinerait la multitude atteinte de « *monomanie raisonneuse?* » Laissez pour dernière garnison, aux cimetières de Vera-Cruz, que des esprits chagrins nomment « *jardins d'acclimata-tion du Mexique,* » une arrière-garde triée parmi les libéraux et les mutins. Le soulèvement annuel du désert africain aura raison du reste.

Après l'armée, épurez la société civile. A chaque période de dix-sept ans, Sire, la population française doit être mise en coupe réglée. Vous avez moissonné l'élite révolutionnaire de 1848, mais voyez : une autre génération a déjà grandi dans le silence. Tarquin, quelles sont, sur cette plaine muette, les têtes de pavots qui se redresseront demain? Comment mar-quer d'avance avec la craie de de La Hode, les fronts anonymes dont la pensée repousse virtuellement le niveau de la terreur? Sire, élargissez les barreaux de la Patrie, caserne impériale où la nouvelle nation française est née dans la garance et la discipline. A travers les grilles, murmurez une vague promesse de « couronner l'édifice. » Faites luire un semblant de liberté de parler, de s'associer, de se réunir, de voter.

Et soudain, vos futurs ennemis s'élancent des pro-
fondeurs de l'inconnu. Ils croient saluer l'aube de
l'avenir, et, spontanément ils se jettent dans la nasse
de cette nouvelle pêche miraculeuse « aux flam-
beaux. »

Sire, dédaignez de les prendre tous d'un seul coup
de filet : mais, faites dresser secrètement la liste de
leurs noms. Considérez aussi que les procédés de
« restriction » de la nature humaine sont multiples.
La Liberté même, selon l'*utile* Girardin, peut porter
son correctif avec elle. Rendez la Liberté de la Presse :
La marée quotidienne de l'opposition gazetière usera
ses hommes contre le rocher de « l'*avertissement.* »
Les plus forcenés finiront par se briser la tête contre
la pierre d'une prison.

Voulez-vous retirer en détail une liberté donnée
en gros ? *ab uno disce omnes.* Les électeurs de Paris
nomment et renommeront encore des députés de
l'opposition. Du nombre des électeurs inscrits dépend
celui des députés, déclarez que les électeurs devront
se faire inscrire à leurs mairies du 15 au 25 janvier
de cette année par exemple. En dix jours, les 20 mairies de Paris disposent de 1,360 heures, soit
81,600 minutes. Ces 80,000 minutes données à l'inscription des 500,000 électeurs de Paris, c'est envi-
ron neuf secondes (moins de un sixième de minute)
pour chacun. Si les journalistes et les députés de
Paris réclament contre la brièveté excessive de ce
délai, accordez sans crainte le double de temps, soit :
un tiers de minute par électeur (F)... Vous le voyez,

Sire, le danger de la liberté d'inscription sur les listes électorales n'existerait que pour une administration naïve et maladroite par excès de scrupule.

Souffrez volontiers, Sire, que les loups descendent plus nombreux de la Montagne pour entrer à la Chambre des Députés Conservateurs. Mais présentez à ces candidats suspects, le collier du serment qui pèle le cou de vos fidèles. Leur féroce courage perdra sa vertu à passer sous les fourches caudines du *parjure préventif*. Quoi qu'on dise, un faux serment sera toujours un suicide moral pour un Républicain, celui-ci ne peut pas être catholique et démocrate à la fois. Ces deux croyances sont exclusives l'une de l'autre. Et qui le sait mieux que Votre Majesté? hors de notre Eglise, point de salut pour les parjures. Le Catholique, qui prête serment, atteste un Dieu qui se réserve le pouvoir de délier les engagements téméraires. Au contraire, le Démocrate ne peut attester que la religion individuelle de sa propre dignité. Il reconnaît la souveraineté de sa raison seule. Son for intérieur ne relève pas de la conscience divine. Il répudie le Trésor de l'Humilité chrétienne. Il récuse le Sacrement de Pénitence. Sa conscience est pour lui une entité absolue, tout ou rien. Un premier serment téméraire enchaîne le démocrate et le perd pour l'éternité, comme il perdit l'Ange Rebelle qui lui aussi avait au commencement des temps, donné sa parole d'honneur au lieu de jurer par la parole de Dieu. Laissez donc venir à vous, Sire, les vieux enfants de la Démocratie. Ils veulent reprendre une activité politique, disent-ils, même au prix d'un blasphème contre leur foi de Radicaux. Pardonnez-leur, Sire, parce qu'ils ne savent ce qu'ils font. Tendez-leur, avec confiance, la coupe du parjure prélibée par vos augustes lèvres. Elle est empoisonnée, et, pour eux, le contre-poison n'existe pas.

Que les licteurs de César et les Huissiers des Académies mettent à l'index les visages pâles de nos jeunes Brutus. Que la gerbe de la jeunesse, trop compacte à Paris, soit déliée et jetée comme litière sur le désert des provinces. Ne retenez plus dans la Capitale de l'Empire que les sénateurs et les satisfaits.

Appliquez plus que jamais la salutaire influence de la centralisation à la Presse, à la publicité, aux officines de correspondances. Moralisez le monopole de la fabrication de l'opinion publique. Faites-en surveiller l'exploitation par des Sénateurs, comme vous faites inspecter la Régie des Tabacs par l'élite de l'École Polytechnique. Que toute plume qui ne puise pas son encre au bureau d'esprit de l'administration centrale, soit brisée comme immorale. Établissez, dans la sphère de l'échange des idées, le fameux Blocus Continental, et le système des douanes intérieures. Qu'un régime prohibitif arrête les brochures, les journaux non autorisés. Que la police, en permanence dans vos bureaux de postes, décachète les lettres adressées à des noms suspects, et que l'expédition d'une missive par toute autre voie que la poste impériale, soit punie comme une contravention.

Ne délivrez de laissez-passer qu'aux nouvelles estampillées par votre entrepôt intellectuel. Tous les offices de Publicité prendront modèle sur les Agences Havas et Reuter. Depuis plusieurs années, ces gardes malades de l'opinion publique matelassent les portes et les fenêtres de l'Europe, assourdissent la sonorité des rues, mesurent au vieux continent affaibli les doses quotidiennes de vérités et de contre-vérités que nous jugeons opportun de prescrire. Au besoin, dans les questions d'annexion et d'intervention armée, elles remplissent le rôle du joueur d'orgue de Barbarie qui, devant la maison Bancal, couvrait par des airs patriotiques le bruit de l'assassinat de Fualdès.

Ne craignez pas, Sire, de vous montrer « *idéologue* » en matière de code pénal. Créez un monde de crimes et de délits nouveaux. Qui sait mieux que Votre Majesté commenter les principes de justice et de probité sociales? Votre jurisprudence étendra ses mesures afflictives et infamantes contre toutes les formes de manifestation de la liberté de conscience qui lui échappent encore. Ouvrez, par une loi depuis trop longtemps désirée, une vaste carrière à procès contre les prétendus libres penseurs. Que votre Corps Législatif autorise la poursuite, en France, des crimes, délits et contraventions commis par les Français à l'étranger. De leur table à écrire, improvisée dans une mansarde de Londres ou de Bruxelles, nos « moralistes indépendants » par le privilége de leur nationalité, encourront la prison et l'amende. Un exil volontaire leur épargnera l'incarcération. Mais ils n'échapperont pas à l'amende, c'est-à-dire à la ruine, car ils ne peuvent emporter leur patrimoine « à la semelle de leurs souliers, » et leurs biens saisis dans le giron de la mère-patrie, seront vendus à l'encan.

Enfin, que la Raillerie, le Sourire, l'Allusion, l'Ironie, soient déclarés, par une loi spéciale. contravention, délit, crime d'État, et vous aurez arraché au Serpent de l'esprit d'opposition sa dernière dent venimeuse ; vous aurez désarmé la patrie de Voltaire de son poignard de merci.

Le peuple dont le tempérament pourra supporter ce régime, Sire, n'éclatera plus en Révolutions. Si quelques mécontents survivent à ce système, Votre Majesté a écouté, sous les voûtes de Notre-Dame, les bonnes paroles de Napoléon Ier, répétées par le père Hyacinthe : « *Est-ce qu'on peut être homme et n'être* « *pas Chrétien? On ne gouverne pas cet homme-là, on* « *le mitraille !* »

Entendez-vous, Napoléon III? Si la jeune France persiste dans son endurcissement, ne la gouvernez plus : mitraillez-la !

Mais que dis-je? La terreur de la mort est un instrument de règne qui s'use vite. Entre les mains des Napoléons elle est déjà devenue une arme banale et sans portée : *telum sine ictu.* On doit user de la peine capitale comme d'une stricte nécessité et non comme d'un objet de luxe. La mort peut être la première pierre, mais non le couronnement de l'édifice impérial.

On risque aussi de se heurter à des résistances individuelles dangereuses. Quel éclat dans Paris, si

un proscrit ne recevait plus les agents de votre police
avec la vaine protestation verbale habituelle, mais
avec la protestation du pistolet de Rodde (G). Évitons
les occasions de scandale inutile, Sire. Edgar Quinet,
le moderne Iconoclaste, le Voyant, qui seul parmi les
aveugles de 1861 signalait au public *la Grande pensée du Règne*, nous démontre aujourd'hui, *ex pro-
fesso*, les réactions qu'amène fatalement un système
prolongé de Terreur contre ceux qui l'appliquent.
Sachons profiter des leçons de l'ennemi. Gardons-
nous donc de rendre la mémoire de nos victimes inté-
ressante par le martyre. Ce ne serait pas un crime,
ce serait une faute de donner à leurs caractères le
sacre de la mort, la pourpre des rouges funérailles.

Les « *poseurs* » de la violence, qui veulent faire
de la Terreur pour la Terreur comme de l'Art pour
l'Art, disent : « les morts ne reviennent pas. » Si, les
morts reviennent, et leurs spectres galvanisés par la
pitié publique font reculer d'épouvante les vivants
dont on prétendait accélérer la marche sur la route
ensanglantée de l'avenir. Oui, Quinet a raison. Le
triangle d'acier de la terreur de 93 s'est ébréché
sur la Réaction. Celle-ci est ressucitée d'entre les
morts, et, le 18 Brumaire, elle est venue jeter dans
la balance de l'opinion publique, à côté de l'épée du
Brennus Corse, le poids irrésistible de ses têtes
coupées.

Donc, au lieu de « mitrailler, » exilons. Tous les
dix-sept ans, ouvrons grandes les portes de sortie
de la France, à vingt mille caractères ou esprits

français. Mais ici, s'arrête l'enseignement de l'Histoire de « la Révolution. » Nous devons puiser directement aux sources plus profondes de l'esprit de l'Église. Écoutez, Sire. *Exaudi nos*. Le Catholicisme vous livré, en un seul mot, le secret d'une politique de répression nouvelle :

« NE DÉCAPITEZ PAS, DÉCAPITALISEZ VOS » ADVERSAIRES. »

Oui, Sire, « *ne décapitez pas; décapitalisez!* » Pour cela point n'est besoin de mesures d'exception, ni d'arbitraire; l'antique et odieuse confiscation ne devra pas être invoquée par son nom. La législation actuelle suffit. L'article du code pénal qui déclarera les vaincus politiques solidairement responsables des dommages apportés à la chose publique n'est plus à créer. Il existe. Appliquez-le avec sécurité. La ruine légale est plus forte que la mort. L'argent est le nerf de la guerre comme de la liberté individuelle. L'homme sans ressources, tombé dans la dépendance matérielle et morale de toutes les forces ambiantes, devient radicalement impuissant. Quoi de plus inoffensif qu'un Bélisaire? Votre police, Sire, en remettant, avec douceur, à chaque expulsé du territoire français, le bâton et la besace, peut donc de surcroît leur donner le baiser de paix. Et voici un autre bénéfice de notre modération : l'esclave de la misère comme l'esclave de l'antiquité païenne « perd la moi-

» tié de son âme. » L'indigence efface les caractères qu'elle ne dégrade pas. L'exception à cette règle n'est pas de un sur mille, et, dans cette thèse qui ne traite que de l'utilité politique, cette minime exception confirme la règle.

Sire, hésitez d'autant moins à « *décapitaliser les* » *vaincus,* » que si, par malheur, survenait un revirement de Fortune, toujours possible dans le train du monde, les vainqueurs du lendemain n'oublieraient pas, sans doute, de nous appliquer nos maximes.

Ah! Sire, éloignez de nous ce calice! Revenez aux grandes mesures d'ordre social ; coulez, sans hésitation, le brûlot néo-révolutionnaire qui attache déjà sa caisse à poudre sous le ventre blindé du vaisseau impérial. Majesté, prévenez l'explosion et l'engloutissement!...

L'appui des Honnêtes gens ne vous fera pas défaut. Le simple Bon-Sens les ramène à vous. La crainte de la République sinon l'amour de l'Empire retiendra toutes les nuances du Grand Parti de l'Ordre sous votre bannière impériale. Cherchons exactement, dans l'implacable et infatigable Esprit d'Autorité, notre Salut et la Pensée du Règne.

Il ne s'agit plus ici de détruire les Républiques des Deux-Mondes, Sire, la défense personnelle des promoteurs et complices du Coup de Décembre est en jeu. Protégez-nous, Sire, ou nous devrons aviser nous-mêmes. Que votre Temporisation ne nous oblige pas à chercher un autre Sauveur!

Nous voulons bien rendre à César ce qui appartient à César; mais que César rende à Dieu ce qui appartient à Dieu!

NOTES ET DOCUMENTS.

NOTES ET DOCUMENTS.

Note A.

« La République peut-elle exister?... On nous cite
» l'Amérique ; je ne connais rien de si impatientant que
» les louanges décernées à cet enfant au maillot : lais-
» sez-le grandir. » — Joseph de Maistre. *Considérations
sur la France. Chapitre IV.* 1796.

Note B.

Voir l'*Indépendance belge* du 25 août et du 7 juillet 1862.
Ce journal reproduit le compte rendu, donné par *la
Patrie*, des œuvres préparatoires du Consistoire.

Les démentis de Veuillot et les rectifications d'un
Évêque de France ne détruisent pas les faits allégués
par *la Patrie* et l'*Indépendance*.

NOTE C.

Voir l'*Indépendance belge* du 25 août 1862, édition du matin.

NOTE D.

Voir l'*Indépendance belge* du 3 septembre 1862.

— On écrit, le 26 juin 1862, de Saint-Pétersbourg à l'*Indépendance belge* du 8 juillet : « Les arrestations faites » à la suite des incendies sont nombreuses. Il y a, » parmi les prévenus, des femmes et des enfants ; tous » ont avoué leur crime. *Ils avaient été payés pour mettre* » *le feu à la ville.* Mais par qui ?... Le plan de destruc- » tion avait été bien ourdi et SON PRINCIPAL MOTEUR » N'EST POINT A SAINT-PÉTERSBOURG. »

— On lit dans l'*Abeille du Nord* du 6 août 1862, citée par l'*Indépendance belge* du 15 août : « Le gouverneur » civil de la Podolie a fait connaître que depuis quelque » temps on remarque que le nombre de croix qui s'élè- » vent sur les places et sur les routes augmentent con- » stamment. Sur les croix apparaissent des inscriptions » qui accusent des dispositions subversives... » Le lendemain du jour où paraissait la note de l'*Abeille du Nord*, le 7 août, Ryll, tente d'assassiner le comte Wielopolski.

Ryll se fit accompagner au supplice par un père capucin,
comme le *Journal de Bruxelles* nous l'apprendra plus
loin.

— Le 14 août, fut condamné à mort Jaroszinski, assassin du grand duc Constantin. Le même jour eut lieu
la tentative d'assassinat de Ronzka. Quelques jours au-
paravant, le 11 août, on écrivait de Saint-Pétersbourg à
l'*Indépendance belge*, du 19 août : « On a remarqué avec
» effroi que les menaces anonymes adressées au général
» Luders, l'avant-veille de l'attentat dont il a été vic-
» time, se réalisent fatalement. Vous vous rappelez
» qu'elles étaient dirigées contre tous les hauts fonc-
» tionnaires russes en Pologne; et voilà trois de ces
» hauts fonctionnaires qui ont subi l'effet de ces sau-
» vages attaques. »

Le 8 juillet, on écrivait de Varsovie à l'*Indépendance*
du 13 juillet : « Vous êtes dans le vrai lorsque vous dites
dans votre revue politique du 5 juillet : « En voyant
» tout ce qui se passe à Saint-Pétersbourg et à Varsovie,
» on est tenté de se demander... s'il n'existerait pas
» UNE SECTE ou une bande ayant pour moyens l'*In-
» cendie et l'assassinat.*

» Nous sommes sur le qui-vive depuis quelques jours,
» dans la crainte de quelque folie criminelle de LA
» SECTE ou de la bande dont vous parlez .. tous les
» moyens lui sont bons pour exciter à la haine contre
» les Russes. C'est ainsi qu'après avoir *probablement*
» *poussé au meurtre et l'avoir soldé, ce parti persistait,*
» *malgré l'évidence, à rejeter l'odieux des deux attentats*
» *sur les Russes ..* L'assassin du grand-duc, Jaroszinski,
» est âgé de 22 ans, CATHOLIQUE, etc. »

Au début, la tactique des catholiques était d'intimider leurs adversaires par la menace. Il entrait dans leurs plans de ne pas repousser la responsabilité des tentatives d'assassinat. Plus tard lorsque ce système n'aura pas réussi, ils s'efforceront en lançant la calomnie et la faisant répéter sur tous les tons, de répandre le bruit que les assassinats et les incendies doivent être imputés aux « *socialistes* » aux « *Révolutionnaires rouge-écarlate* »

Or, les Révolutionnaires socialistes comme Mieroslawski et Hertzen répudièrent dès le premier jour, toute complicité, même morale, dans l'affaire des assassinats et des incendies. Mieroslawski, à cause de ses opinions humaines et démocratiques, ne fut pas même admis par le comité catholique de Pologne à donner le concours actif que le grand patriote brûlait d'apporter sur les champs de bataille, l'épée et non le poignard à la main.

La conduite des Catholiques fut tout autre. Pour s'en convaincre, il suffit de lire les correspondances particulières du *Journal de Bruxelles*, organe catholique inspiré par les chefs de la propagande cléricale universelle.

Dans son numéro du 25 août 1862 qui publie une correspondance de Varsovie du 17 du même mois, nous lisons : « Quelques jours avant l'arrivée du grand-duc » Constantin à Varsovie (déposa Jaroszinski devant ses » juges) un de ses amis, tailleur comme lui, et nommé » Chmielinski vint le trouver et l'entretint de la nécessité de se dévouer pour le pays.

« — S'il faut se sacrifier, répondit Jaroszinski, je suis » prêt. »

» Chmielinski le conduisit alors à l'hôtel de Saxe et » le mit en rapport avec *un autre individu* qui entreprit

» de lui démontrer que, pour le bien du pays, il fallait
» se débarrasser du grand-duc et du marquis Wielo-
» polski.

« Jaroszinski demanda à ce nouveau personnage S'IL
ÉTAIT CATHOLIQUE et S'IL CROYAIT EN DIEU.

» L'inconnu protesta de SES SENTIMENTS PIEUX.

« — Et, COMME TEL, poursuivit Jaroszinski, VOUS
» ÊTES CONVAINCU QUE LA MORT DU GRAND-DUC
» EST NÉCESSAIRE AU BIEN DU PAYS?

» — BIEN CONVAINCU.

« — ALORS JE SUIS PRÊT. »

Le correspondant du *Journal de Bruxelles* fait pré-
céder cette déposition de Jaroszinski de quelques lignes
d'introduction également significatives :

« Lorsque l'annonce d'un nouveau crime (la tentative
» d'assassinat du marquis Wielopolski par Ronzka) est
» venue nous affliger (?) *plus encore que nous surprendre,*
» IL FAUT BIEN EN CONVENIR, le procès de Jaroszinski,
» l'auteur du coup de pistolet tiré le 3 juillet contre le
» grand-duc Constantin, venait de nous dévoiler très-
» imparfaitement sans doute, LES MOBILES CACHÉS
» DONT ON SE SERT POUR ARMER LE BRAS DES ASSAS-
» SINS POLITIQUES. »

Suivant une lettre de la *Gazette de la Baltique*, citée
par le *Journal de Bruxelles* du 23 août 1862, « *Ronzka a*
» *avoué qu'il avait été désigné par le sort pour succéder à*
» *Jaroszinski et à Ryll.* »

La *Patrie*, citée par le *Journal de Bruxelles* du 5 septembre 1862, dit : « Ryll et Ronzka (au moment du sup-

» plice) *étaient assistés de deux pères capucins.* Les deux
» pères capucins ont récité les dernières prières aux-
» quelles tous deux (Ryll et Ronzka) ont répondu... Ronzka
» avait déjà la corde au cou lorsqu'un des religieux qui
» l'accompagnait lui dit :

    » — *Priez Dieu de vous secourir.*
    » — *Qui donc me secourra,* a-t-il répondu, SI CE N'EST
» DIEU ! »

En ratifiant la sentence de mort de son assassin Jaros-
zinski, dit la correspondance particulière du *Journal de
Bruxelles* du 4 septembre 1862 (datée de Saint-Péters-
bourg, 24 août) le grand-duc Constantin « S'EST LUI-
» MÊME ENFONCÉ A PLAISIR LA BALLE QUI L'AVAIT
» SEULEMENT EFFLEURÉ. »

Le *Journal de Bruxelles* ne craint pas aussi de dire le
1er septembre 1862 : « On écrit de Saint-Pétersbourg à
l'*Union* : « L'organe officiel du gouvernement, la *Poste
» du Nord*, appelle l'attention publique sur *les intrigues
» des Jésuites. Elle prétend que la Société de Saint-Vincent
» de Paul opère en ce moment, une reconnaissance jusque
» dans nos steppes, etc.* »

On s'étonne de lire des aveux si compromettants et si
complets. On ne doit pas volontiers attribuer à une vul-
gaire maladresse cet étalage de complicité morale de la
part des organes catholiques. Demandons-nous plutôt
quel intérêt le *parti noir* pouvait avoir à montrer que les
balles et les poignards des Jaroszinski, Ryll et Ronzka
étaient bénis au nom du DIEU DES CATHOLIQUES.

Il s'agissait pour le grand parti noir de faire peur du fanatisme orthodoxe au fanatisme hétérodoxe. Que la croix grecque ne prétende pas supplanter la croix latine ! qu'elle craigne tout du désespoir des malheureux jeunes gens suscités en son nom !

Le *Journal de Bruxelles* annonce d'avance que le grand-duc Constantin et les autres fonctionnaires anti-latins donneront leur démission et se retireront découragés. Chaque nouvelle tentative d'assassinat accroît l'espérance du *parti noir*.

Ses correspondants supposent et décrivent avec complaisance l'état de surexcitation physique et morale dans lequel ces tentatives successives et multipliées devaient mettre les hauts fonctionnaires hétérodoxes; ils leur conseillent de quitter la place.

Néanmoins, contre l'attente des *Noirs*, les fonctionnaires hétérodoxes résistent et se maintiennent, l'incendie, l'assassinat, ont décuplé l'énergie de la répression bien loin d'en rompre l'effort... Les catholiques voient qu'ils sont allés trop loin. Ils reviennent sur leurs pas pour tâcher d'en effacer ou d'en embrouiller les traces. Ils font couvrir leur retraite en habillant de *rouge* les conspirateurs *noirs*. Ils rejettent sur les « *socialistes,* » sur les « *rouges-écarlate* » la responsabilité de ces tentatives dont naguère ils revendiquaient le bénéfice.

C'est un mot d'ordre donné. Les journaux catholiques de Bruxelles, de Paris ou de Rome persistent à répéter la calomnie qui leur a paru bonne à dire dans une première volte face. Ainsi, *aujourd'hui encore*, 16 *janvier* 1866, la *Gazette de France* publie une correspondance de Russie qui répercute ces échos jésuitiques. « Ce sont eux (*les Russes révolutionnaires*) et non des

» Polonais (*catholiques*), qui semblent le plus gravement
» compromis dans *les incendies* qui ont eu lieu *dans ces*
» *dernières années*. »

Après avoir répété cette contre-vérité, plusieurs
années de suite, les catholiques s'imaginent avoir four-
voyé l'opinion publique. Ce sont définitivement les *rouges*
et non les *noirs* qui endosseront la responsabilité histo-
rique de la torche et du poignard, car la plume de l'his-
torien est tenue par le catholicisme, le terrain est déblayé
de vérités gênantes. La *Gazette de France* croit déjà le
moment propice pour proposer le rappel des Jésuites en
Russie !... En effet, ce journal *noir* termine la correspondance dont nous venons de citer un fragment, par ces
mots : « *Le gouvernement russe est très-préoccupé de l'in-*
» *struction publique.... Un projet formé par un membre de*
» *la famille impériale se base* SUR LE RAPPEL DES
» JÉSUITES... »

Les Jésuites n'ont-ils pas assez *éclairé* la Russie?...

Mme Surratt avait désigné *nominativement* deux prêtres
catholiques pour l'accompagner au supplice... Elle y
marcha « *suivie par* LES PÈRES Wigel et Walter, le der-
» nier portant UN CRUCIFIX et un livre de prières...
» Elle paraissait d'une faiblesse extrême; mais par mo-
» ments elle se ranimait aux paroles des religieux qui
» l'accompagnaient... L'un des prêtres, se penchant
» vers elle, lui APPLIQUA LE CRUCIFIX sur les lèvres,
» en lui faisant entendre des paroles de résignation...»
Indépendance belge du 25 juillet 1865, reproduction
d'une correspondance du *Courrier des États-Unis*, déjà
cité plus haut.

NOTE E.

« Pour vous donner une idée de la position (du
» Mexique au moment même de l'élection de Juarez à
» la présidence de la République) il me suffira de vous
» dire qu'à quelques lieues de la capitale *le général
» Marquez chef des réactionnaires,* a pu surprendre et
» enlever — l'ancien ministre, M. O. Campo, *et l'a fusillé*
» — et d'autres qu'il a *rançonnés après des traitements
» horribles...* Le général Valle *a été pris et fusillé* avec
» d'autres chefs. » (*Indépendance Belge* du 4 août 1861.
Correspondance de Vera-Cruz du 1er juillet.)

« Le succès obtenu par Ortega (général des forces
» républicaines du nouveau président Juarez) sur Mar-
» quez-*le-Boucher,* avait excité une joie délirante · dans
» la capitale, mais cette ivresse n'a eu qu'une courte
» durée. Toutes les routes, ou à peu près, qui aboutis-
» sent à Mexico, sont occupées par des bandes de bri-
» gands. Celle de Puebla est gardée par des *brûleurs* qui
» ont renouvelé de Néron l'horrible supplice des flam-
» beaux humains. Marquez est maître du grand chemin
» de Queretaro à Mexico. Jamais victoire ne fut plus
» stérile. »

(*Correspondance particulière de l'Indépendance belge.*
New-York, 16 septembre 1861. *Indépendance* du 3 octobre.)

« On ne saurait trop approuver, » dit le *Courrier des
États-Unis du 5 décembre* 1865, l'organe officieux de l'empire français en Amérique, « l'inflexible rigueur avec
» laquelle le général Mendez a fait fusiller les généraux

» Arteagea et Salazar, les colonels Jésus Diaz, Villago-
» mez et un autre officier du même grade. »

Le malheureux Arteaga avait respecté la vie des deux
cents Belges, faits prisonniers par lui à Tacamburo.
L'assassinat officiel d'Arteaga n'a pu décider les républicains juaristes à user de représailles. Ils viennent de
rendre les prisonniers de Tacamburo à la liberté.

La Presse indépendante, aux États-Unis, est unanime
à flétrir ces crimes ainsi que leurs panégyristes. Le
Courrier en convient lui-même. « Si le gouvernement de
» la France et du Mexique, dit-il, dans le numéro du
» 5 décembre déjà cité, se plaignaient qu'on tolère aux
» États-Unis la publication de feuilles qui, tous les jours,
» sans repos ni trève, vilipendent la France et le Mexique,
» Napoléon III et Maximilien, la politique française, etc.,
» *il faudrait supprimer presque toute la presse des États-*
» *Unis.* »

Quel aveu !

Le Courrier des États-Unis du 5 décembre 1865, veut
prévenir par des menaces jusqu'aux réclamations qui
pourraient s'élever du Corps Législatif français. Il se fait
écrire par un soldat : « *Il ne serait pas sain pour M. Jules*
» *Favre ou pour tel autre de la même trempe de se ren-*
» *contrer avec nos troupes au Mexique.* »

Le *Courrier* est le digne éclaireur du *Constitutionnel ;*
il désigne au policier Limayrac les « émigrés de l'intérieur. » Sachez donc, Limayrac, que « si le gouver-
» nement français » se plaint qu'on tolère les émi-
» grés à l'intérieur » il faut supprimer aujourd'hui
» 36 millions de Français. »

NOTE G :

Voir *Le Siècle* des premiers jours de janvier 1866.

NOTE H.

M. Rodde, rédacteur du *Bon Sens*, « apprenant que,
» en violation des lois, la police faisait arrêter les distri-
» buteurs (d'imprimés) M. Rodde écrivit à tous les jour-
» naux, le 8 octobre 1833, que, le dimanche suivant, à
» deux heures après midi, il irait sur la place de la
» Bourse distribuer des brochures dont on avait arbi-
» trairement saisi plusieurs exemplaires. Sa résolution
» était prise, et il la faisait connaître à tous ; il allait
» défendre son droit jusqu'à la mort .... A deux heures
» précises, un grand mouvement se fit dans la foule.
» et l'on vit, au milieu du peuple ému, s'avancer un
» homme..... Deux pistolets étaient dans la boîte que
» portait cet homme, et il avait le costume des crieurs
» publics : une blouse amaranthe, et un chapeau verni
» sur lequel on lisait ces mots : *publications patriotiques*.
» L'air fut ébranlé de mille cris. « Vive le défenseur de
» la liberté ! Vive M. Rodde ! Respect à la loi ! Les
» chapeaux étaient levés en l'air ; les mouchoirs étaient
» agités aux fenêtres ; etc. » *Louis Blanc, Histoire* de
de dix ans. Tome IV. Ch. 2. 4e édition, Paris.

www.ingramcontent.com/pod-product-compliance
Lightning Source LLC
LaVergne TN
LVHW022345170726
843503LV00008B/3550